ALPHABET
DES ANIMAUX

—

IN-12. — 6ᵐᵉ SÉRIE.

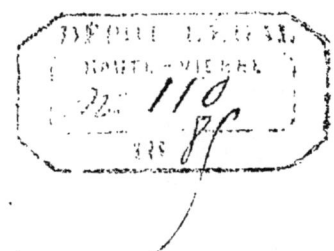

PETIT

DES ANIMAUX

ÉDITION ORNÉE DE GRAVURES.

LIMOGES
EUGÈNE ARDANT & Cie, ÉDITEURS.

LETTRES MAJUSCULES.

A B C
D E F
G H I J
K L M

— 6 —

N O P
Q R S
T U V
X Y Z

MAJUSCULES FANTAISIES.

A B C D E F
G H I J K L
M N O P Q R
S T U V X Y Z

MAJUSCULES ITALIQUES.

A B C D E F
G H I J K L
M N O P Q R
S T U V X Y Z

MINUSCULES ITALIQUES.

a b c d e g h
i j k l m n o p q
r s t u v x y z

LETTRES MINUSCULES.

a b c d e f g h
i j k l m n o p
q r s t u v x y z

Voyelles.

a e i o u y.

Consonnes.

b c d f g h j k l m
n p q r s t v x z.

Ponctuation et Signes divers.

. , : ; ? ! - ' § * (†]

Chiffres.

1 2 3 4 5 6 7 8 9 0

SYLLABES.

Ba be bi bo bu
Ca ce ci co cu
Da de di do du
Fa fe fi fo fu
Ga ge gi go gu
Ha he hi ho hu
Ja je ji jo ju
La le li lo lu
Ma me mi mo mu
Na ne ni no nu

Pa pe pi po pu
Qua que qui quo qu
Ra re ri ro ru
Sa se si so su
Ta te ti to tu
Va ve vi vo vu
Xa xe xi xo xu
Za ze zi zo zu

Mots qui n'ont qu'un son ou qu'une syllabe.

Pain	Vin	Chien
Chat	Rat	Plat
Four	Jour	Tour
Blé	Dé	Pré
Corps	Mort	Tort
Coing	Moins	Point
Art	Part	Tard
Arc	Marc	Parc
Dent	Rang	Champ
Beau	Seau	Veau
Pont	Front	Rond
Ail	Bail	Rail
Bel	Sel	Tel

*Mots à deux sons ou deux syllabes
à épeler.*

Pa-pa   Cou-teau
Ma-man   Châ-teau
Frè-re   Cor-don
Tan-te   Cor-deau
Bal-lon   Cha-meau
Bal-le   Dra-peau
Bou-le   De-voir
Chai-se   Fro-ment
Poi-re   La-voir
Pel-le   Tau-reau
Pom-me   Mou-ton
Cou-sin   Ver-tu
Gâ-teau   Vi-ce

Mots à trois sons ou trois syllabes.

**Or-phe-lin   Cou-tu-me
Scor-pi-on   Nou-veau-té
Ou-vra-ge   Mou-ve-ment
Pa-res-se   Châ-ti-ment
Li-ber-té   His-toi-re.**

Mots à quatre, à cinq et à six sons ou syllabes à épeler.

**E-ga-le-ment
Phi-lo-so-phe
Con-clu-si-on
Na-tu-rel-le-ment
Cou-ra-geu-se-ment
In-con-vé-ni-ent
In-con-si-dé-ré-ment
Per-fec-ti-bi-li-té
Ma-li-ci-eu-se-ment.**

— 15 —

L'Ane.

Cet animal est d'une grande utilité à la campagne. Malgré son utilité, l'âne est un objet de mépris, parce qu'il est lent, indocile et têtu.

Le Bœuf.

Le bœuf est de tous les animaux le plus utile à l'homme.

— 16 —

Le Cheval.

Ce fier et fougueux animal partage avec l'homme les fatigues de la guerre et la gloire des combats. Il partage aussi les plaisirs ; à la chasse, à la course, il brille, il étincelle.

Le Daim.

Cet animal est fort joli, il ressemble beaucoup au cerf, mais il est plus petit. Il porte un bois ou des cornes comme lui.

— 17 —

L'Éléphant.

L'éléphant surpasse en grosseur tous les quadrupèdes connus. Cet animal est très susceptible d'affection et de docilité.

Le Furet.

Cet animal est originaire des pays chauds. Il est leste, souple et grand chasseur de lapins.

La Grue.

Quand on veut montrer la sottise d'une personne, on la compare à une grue. Cependant les grues sont moins stupides qu'on le pense.

L'Hyène.

L'hyène se trouve dans les pays chauds de l'Afrique et de l'Asie. Elle est d'un caractère féroce et carnassier. Courageuse, elle se défend contre les animaux les plus redoutables.

L'Ichneumon.

L'ichneumon est domestique en Egypte comme le chat l'est en Europe, et il sert de de même à prendre les souris et les rats.

Le Jaguar.

Sa peau est tachée comme celle du tigre. Carnassier et féroce, il est très dangereux lorsqu'il est affamé.

Le Kanguroo.

Quand cet animal est effrayé et poursuivi, il fait des sauts de 28 pieds d'étendue et de 5 à 6 de hauteur. Il se nourrit de racines.

Le Loup.

Cet animal carnassier vit de chasse et de rapine ; comme il est lourd et poltron, la plupart des animaux qu'il poursuit lui échappent.

La Marmotte.

Qui ne connaît pas ce petit animal que les Savoyards indigents exercent à danser et nous montrent par curiosité ? Elle se tient assise comme l'écureuil et se sert des pieds de devant pour porter à sa bouche.

Le Nilgaut.

Originaire des pays chauds, sans être agile comme le cerf, il lui ressemble beaucoup. Il est doux quoique très vif, et même familier.

O

L'Ours.

Cet animal ne se plaît que dans la solitude et les retraites les plus profondes. Pendant l'hiver, il se retire dans sa tanière, et y reste tranquille sans prendre de nourriture.

P

La Panthère.

La panthère a le regard cruel, les mouvements brusques, et l'air inquiet. Elle se trouve dans les contrées les plus chaudes de l'Asie et de l'Afrique, et habite les forêts les plus touffues, rarement elle attaque l'homme.

Le Quinkajou.

Ce quadrupède, qu'on trouve en Amérique, est de la grosseur d'un chat très fort.

Le Rhinocéros.

C'est dans l'Asie qu'on trouve cet animal. Il se nourrit d'herbes et de feuillage, et n'attaque point l'homme à moins qu'il n'en soit provoqué.

S

Le Singe.

Le singe est de tous les animaux celui qui ressemble le plus à l'homme. Il imite ses gestes avec une adresse étonnante.

T

Le Tigre.

Le tigre n'est pas aussi fort que le lion, mais il est plus à craindre parce qu'il est plus féroce. Son naturel est indomptable. Dans la captivité, il déchire la main qui le nourrit comme celle qui le frappe.

L'Unau.

L'unau est aussi appelé paresseux à cause de la lenteur de ses mouvements et de la difficulté qu'il éprouve pour marcher.

Le Veau marin.

Cet animal amphibie nage mieux qu'il ne marche. Il vient souvent dormir à terre, sur les rochers ou sur les glaçons, surtout au soleil; il imite en ronflant le beuglement du veau.

Le Xandarus.

Cet animal ressemble à la fois au cerf et u bœuf. C'est cette ressemblance qui lui a fait donner le nom de bubale.

Le Zèbre.

Le zèbre est un fort bel animal qui serait très utile à l'homme si on pouvait parvenir à l'apprivoiser.

Petites phrases à épeler.

J'ai-me mon pa-pa.
Je ché-ris 'ma-man.
Mon frè-re est o-bé-is-
sant.
Grand pa-pa doit me
don-ner un pe-tit che-val.
Grand'ma - man me

don-ne-ra u-ne voi-tu-re.

La mai-son de ma tan-te est très jo-lie. Il y a dans la cour un beau jeu de quil-les.

J'i-rai cher-cher E-mi-le ; nous y joue-rons en-sem-ble.

Il ap-por-te-ra son cer-ceau et sa gran-de boî-te.

NÉGLIGENCE.

Dé faut de soin, d'ex ac ti tu de, d'ap pli ca tion, s'ap pel le né gli gen ce. Vo yez cet en fant dont les li vres et les ca hiers sont tou jours en dé sor dre. — Tous ses vê te ments sont sa-

les. La clo che l'ap pel-
le en clas se, mais il ne
l'en tend pas, mais il n'é-
cou te pas. — On lui fait
re mar quer u ne fau te,
et il ne la cor ri ge point.
— Eh bien! cet en fant
est NÉ GLI GENT.

DIVISION DU TEMPS.

Quel jour est-ce aujourd'hui, Charles?

Aujourd'hui est dimanche.

Combien y a-t-il de jours dans une semaine?

Il y en a sept, qui sont: Lundi, Mardi, Mercredi, Jeudi, Vendredi, Samedi et Dimanche.

Combien faut-il de semaines pour faire un mois?

Il en faut quatre.

Et combien de mois pour une année?

Douze.

Quels sont-ils?

Janvier, Février, Mars, Avril, Mai, Juin, Juillet, Août, Septembre, Octobre, Novembre et Décembre.

De combien de jours se compose une année?

De trois cent soixante-cinq jours, qui sont divisés eux-mêmes en vingt-quatre heures. Chaque heure contient soixante minutes, et chaque minute soixante secondes.

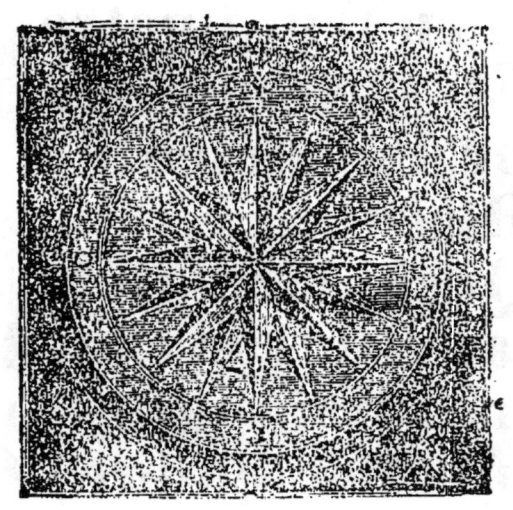

DES ÉLÉMENTS.

Les quatre éléments qui composent notre globe sont : l'air, la terre, l'eau et le feu.

Sans air, l'homme ne peut pas respirer.

Sans la terre, l'homme ne peut manger.

Sans eau, l'homme ne peut boire.

Sans feu, l'homme ne peut se chauffer.

La réunion de ces quatre éléments est donc nécessaire à l'homme pour vivre.

LA CIGALE ET LA FOURMI.

La cigale ayant chanté
　　Tout l'été,
Se trouva fort dépourvue
Quand la bise fut venue :
Pas un seul petit morceau
De mouche ou de vermisseau !
Elle alla crier famine
Chez la fourmi sa voisine,
La priant de lui prêter
Quelques grains pour subsister
Jusqu'à la saison nouvelle :
Je vous paîrai, lui dit-elle,
Avant l'oût, foi d'animal,
Intérêt et principal.

La fourmi n'est pas prêteuse ;
C'est là son moindre défaut :
Que faisiez-vous au temps chaud ?
Dit-elle à cette emprunteuse. —
Nuit et jour, à tout venant,
Je chantais, ne vous déplaise. —
Vous chantiez ! j'en suis fort aise,
Hé bien ! dansez maintenant.

www.ingramcontent.com/pod-product-compliance
Lightning Source LLC
Chambersburg PA
CBHW060710050426
42451CB00010B/1361